Milan A.C.
~Le fotografie e le storie~

TOSHIO YAMAZOE
AKIKO TONEGAWA
STUDIO BUZZI

CONTENTS

ACミランの歴史 ··· 4〜12
I.ミラン誕生／II.初めてのデルビー／III.グレ・ノ・リと第二の黄金時代／IV.星と闇／V.ベルルスコーニ到来とサッキのゾーンサッカー／VI.グランデ・ミラン／VII.混沌から再び頂点へ／VIII.新時代への歩み

Part I 選手紹介 ··· 13〜81
フランコ・バレージ／パオロ・マルディーニ／アレッサンドロ・コスタクルタ／ジェンナーロ・ガットゥーゾ／アレッサンドロ・ネスタ／ジャンニ・リベラ／ロベルト・ドナドーニ／ルート・フリット／フランク・ライカールト／デメトリオ・アルベルティーニ／ズボニミール・ボバン／アンドレア・ピルロ／カカー／マルコ・ファンバステン／デヤン・サビチェビッチ／アンドリー・シェフチェンコ／フィリッポ・インザーギ

ミラン雑学1 ··· 82
バレージはインテリスタ？／ファン・バステンの運命？

Part II 選手紹介 ··· 83〜153
ジョバンニ・ガッリ／ジーダ／マウロ・タソッティ／フィリッポ・ガッリ／ロナウジーニョ／セルジーニョ／カハ・カラーゼ／イニャツィオ・アバーテ／カフー／チアゴ・シウバ／ニルス・リードホルム／ジョバンニ・トラパットーニ／ファビオ・カペッロ／アルベリコ・エバーニ／カルロ・アンチェロッティ／ジャンルイジ・レンティーニ／マルセル・デサイー／マッシモ・アンブロジーニ／レオナルド／クリスティアン・パヌッチ／マヌエル・ルイコスタ／クラレンス・セードルフ／リッカルド・モントリーボ／デビッド・ベッカム／マリオ・バロテッリ／クリスティアン・アッビアーティ／マルコ・シモーネ／ダニエレ・マッサーロ／ジャンピエール・パパン／ロベルト・バッジオ／ジョージ・ウェア／オリバー・ビアホフ／ズラタン・イブラヒモビッチ／本田圭佑／ピエトロパオロ・ビルディス

ミラン雑学2 ··· 154
ミランのシンボル／アウェーユニホームはラッキーアイテム？

PartⅢ 選手紹介 ··················· 155〜163

ジェレミー・メネズ／ジャンルイジ・ドンナルンマ／ジョゼ・アルタフィーニ／ルカ・アントニーニ／フランチェスコ・アントニオーリ／ロベルト・アジャラ／カルロス・バッカ／アルベルト・ビゴン／ケビン・プリンス・ボアテング／ジャコモ・ボナベントゥーラ／ダニエレ・ボネーラ／クリスティアン・ブロッキ／アントニオ・カッサーノ／ホセ・アントニオ・チャモ／フランチェスコ・ココ／フルビオ・コロパティ／アンジェロ・コロンボ／エルナン・クレスポ／エドガー・ダービッツ／ナイジェル・デ・ヨング／フェルナンド・デ・ナポリ／マッティア・デ・シリオ／クリストフ・デュガリー／ステファン・エル・シャーラウィ／ウルビー・エマヌエルソン／ステファノ・エラーニオ／マシュー・フラミニ／ディエゴ・フゼール／マウリツィオ・ガンツ／アルベルト・ジラルディーノ／マレク・ヤンクロフスキ／ジョー・ジョーダン／ホッキ・ジュニオール／ハーバート・キルピン／パトリック・クライファート／ブライアン・ラウドルップ／マルティン・ラウルセン／ディエゴ・ロペス・ロドリゲス／チェーザレ・マルディーニ／ホセ・マリ／フィリップ・メクセス／サリー・ムンタリ／マッシモ・オッド／アレシャンドレ・パト／ジャンパオロ・パッツィーニ／リバウド／フェルナンド・レドンド／ロビーニョ／ロナウド／パオロ・ロッシ／セバスティアーノ・ロッシ／ネピオ・スカラ／カールハインツ・シュネリンガー／アルド・セレーナ／ダリオ・シミッチ／ヤープ・スタム／ヨン・ダール・トマソン／パトリック・ビエラ／クリスティアン・ビエリ／マーク・ヘイトリー／タリボ・ウェスト／レイ・ウィルキンス／マリオ・ジェペス／ジャンルカ・ザンブロッタ

歴代監督 ··················· 164〜165

ミラン雑学3 ··················· 166
友好チーム、敵対チーム

Milan Collection PartⅠ 歴史と伝統が香る、思い出の品々 ········ 167〜175

ミラン雑学4 ··················· 176
ミラニスタ、インテリスタ

CASA MILAN ··················· 177〜183
Museo／Milan store／Biglietteria／Cucina Milanello／Galleria／Sala Giochi／Piazza／Uffici

Milan Collection PartⅡ 歴代ユニホーム ··················· 184〜185

Milanello ··················· 188〜189
グラウンド／ロッカールーム棟／クラブハウス棟

ACミランの歴史
I

ハーバート・キルピン

ミラン誕生

　1899年のクリスマスもあと数日にせまった12月の土曜日、雨のそぼ降るミラノの町をひとりの男が歩いていた。男の名はハーバート・キルピン。ノッティンガム生まれのイギリス人だ。仕事でイタリアにやってきたキルピンだが、彼には一つの夢があった。それは彼の愛するサッカーを、ここイタリアでも根付かせること。当時イングランドでは、すでにサッカーは人気のスポーツであったが、イタリアではまだ知名度の低いものだった。そこでキルピンはミラノのビアホールや居酒屋を渡り歩いては同じ志を持つイギリス人やイタリア人の仲間を募っていた。この晩、彼が向かったミラノのホテル・ドゥ・ノルド（現プリンチペ・ディ・サボイア）の中は、外の寒さが嘘であるかのような熱気に満ちていた。それもそのはず、数ヶ月に渡る努力の結果、この日ついに新たなサッカーチームを創設するまでにこぎつけたのである。チームの名前はミラン・クリケット・アンド・フットボールクラブ（当時はクリケットのチームも持っていた）。そう、これこそが今のミランである。

　彼らがチームカラーに選んだ色は赤と黒。初代のキャプテン兼監督に就任したキルピンは、その理由をこう語っている。「我々は相手チームにとって悪魔のような存在でありたい。赤は炎の色であり、黒は敵の恐れを表している」。

　ミランの最初の本部は、それまで仲間たちがチーム創立の話し合いのために集まっていたフラスケッテリア（ワイン居酒屋）"トスカーナ"に置かれた。数年前まで、その跡地であるミラノのベルケット通り（Via Berchet）には記念のプレートも残されていたが、現在はインテルのオフィシャルショップとなっている。

　翌1900年よりミランは、2年前から発足していたイタリア・ナショナル・リーグに参加する。全国リーグといってもチーム数はまだ5つ。現在のジェノア、トリノ、ユベントスの姿もすでにその中に見られる。ミランの最初の公式戦は対FCトリネーゼ。残念ながらミランは3-0で完敗してしまった。しかし翌1901年、ミランは早くもリーグ優勝を果たす。その後も1906年、1907年と優勝を重ね、世界有数のチームへの第一歩を踏みだしたのである。

II

インテル対ミラン
1940-1941
©BUZZI

初めてのデルビー

　この頃のミランは、別名イングレージ（イタリア語でイギリス人）とも呼ばれていた。その設立の経緯から、当時のチームにはイタリア人選手よりもイギリス人選手の方が多かったからだ。しかしイタリアでサッカーが普及してくるにつれ、次第に"外国人選手よりもイタリア人選手を"という風潮が生まれてきた。ミラン内部でも外国人選手の登録で意見が割れ、1908年、より多くの外国人を使いたいと思う一派がミランから袂を分かって出て行った。彼らが新たに作ったチームがインターナショナル・フットボール・クラブ。つまりインテルである。両チームはその誕生の時から、強いライバル関係にあったのだ。翌1909年1月には史上初のミラノデルビーも行われ、ミランが3-2で勝利した。また1910年にはイタリア代表チームが結成され、フランスとの間で初の国際試合も行われた。イタリア代表の記念すべき第一号ゴールを決めたのは、ミランのピエトロ・ラーナであった。

　1919年、すでにサッカーのみのクラブチームとなっていたミランは、正式名をミラン・フットボールクラブに改名。1924年には当時の会長パオロ・ピレリ（現在ではインテルのスポンサーであるタイヤメーカー、ピレリ創始者の息子）がサン・シーロスタジアムを建設した。当時サン・シーロはミランのみが使用するスタジアムであり、インテルは市民アリーナという別のスタジアムをホームとしていた。

　チームが分離して以来、上位に食い込むことのできなかったミランだが、1937-1938、1940-1941には3位につくことができた。この時活躍した選手の一人が、後にサン・シーロスタジアムにその名を冠されるジュゼッペ・メアッツァ（在籍年数はインテルの方が長かったが）だった。

　1936年、ミランの名称はミラン・アソシアツィオーネ・スポルティーボに変更、しかし第二次世界大戦中、外国語の名前を良しとしなかった極右のファシスト党により、アソシアツィオーネ・カルチョ・ミラノというイタリア語名に変えられた。そして戦後になり、やっと現在のアソシアツィオーネ・カルチョ・ミランに落ち着いた。

III

グレン、ノルダール、
リードホルム（左から）

グレ・ノ・リと第二の黄金時代

　1907年に優勝して以来、ミランのスクデットの数は3でストップしたまま気づけば40年以上が過ぎていた。この頃、イタリアリーグに新たな風が吹き始める。戦時中、ファシスト党によって禁止されていた外国人選手の登録が、3人まで認められることとなったのだ。1949年、外国人選手の解禁と共にミランが獲得したのがスウェーデン人の3人組、グンナー・ノルダール（彼のみひと足早く1月に加入）、ニルス・リードホルム、グンナー・グレンだった。前年にロンドンで開かれた夏季オリンピックで、当時アマチュア選手ばかりだったスウェーデンを優勝にまで導いた立役者たちである。彼らは名前の頭の文字をとって「グレ・ノ・リ」と呼ばれた。ノルダールは188cm、95kgの強靭なCF。そのパワーは凄まじく、空中戦にも強く、さらにその巨体からは想像できないほど機敏で、セリエAでは5回得点王を獲得。ミランでは268試合をプレーし221ゴールを挙げた。この記録は、いまだにミランの最多得点として輝いている。しかし、彼がこれだけ得点できたのは、リードホルムとグレンという存在がいたからだ。彼らの正確なアシストやファンタジア、テクニックがなければ実現は難しかったろう。リードホルム自身も通算81ゴールを決めている。

　グレ・ノ・リの活躍のおかげで、1950年、ミランは44年ぶりにスクデットを勝ち取り、ここからミランの第二の黄金期が始まった。彼らだけではなくGKロレンツォ・ブッフォン（ジャンルイジ・ブッフォンの叔父）の安定した守備、ウルグアイのファンタジスタ、スキアッフィーノもチームを後押しし、ミランはその後も1954-1955、1956-1957、1958-1959と立て続けにスクデットを獲得。1958年には初めてチャンピオンズカップ決勝にまで駒を進めた。

　50年代半ばから一人、二人とグレ・ノ・リはミランを去っていったが、ミランは勢いを失うことはなかった。1961年、カテナチオの創始者とも呼ばれるネレオ・ロッコが監督となると、すぐにスクデットを獲得。ブラジル出身のストライカー、ジョゼ・アルタフィーニと若きジャンニ・リベラ、闘志溢れるMFだったジョバンニ・トラパットーニらが活躍をみせ、1963年にはベンフィカを抑え待望のチャンピオンズカップ優勝を果たした。イタリアのク

ラブチームがこのタイトルを獲得したのは、これが史上初で、キャプテンのチェーザレ・マルディーニはビッグイヤーのトロフィーを掲げた最初のイタリア人となった。同年には、ミラネッロのトレーニングセンターも設立。ビッグチームへの道が着々と準備されていった。その後数年、ミランはタイトルから遠ざかっていたが、1967年にネレオ・ロッコがまたミランベンチに戻るとすぐに史上9番目のスクデットを勝ち取り、その他にもカップ・ウィナーズ・カップ、二度目のチャンピオンズカップ、インターコンチネンタルカップ、コッパ・イタリアと次々にタイトルを手にした。ロッコはまさに60年代の黄金期の立役者であり、いまだミランで最もキャップ数の多い監督である。彼の功績をたたえ、ミラネッロのピッチサイドにはネレオ・ロッコの像が建てられており、今日も選手達の練習を見守っている。後にも先にもミランで銅像が建てられた人物は彼しかいない。また1969年にはジャンニ・リベラが生粋のイタリア人として、そしてミランの選手としては初めてバロンドールに輝いている。

IV

チャンピオンズカップと
インターコンチネンタルカップを持つ
ネレオ・ロッコ監督

©BUZZI

星と闇

　セリエAではスクデットを10回勝ち取ると胸に金色の星のマークを付けることが許される。ライバルのユベントスは1958年、インテルは1966年とすでに早い時期にこの星を勝ち取っていたが、ミランは優勝回数が9で止まったままだった。70年代に入っても、あと一息というところでスクデットを逃すというシーズンが続いた。特に1972-1973には優勝をほぼ確信していたにもかかわらず、最終節にベローナに5-3で大敗、スクデットを逃してしまった。この事件は、ミラニスタの間では"ファタル・ベローナ（悲運のベローナ）"という名前で記憶されている。ロッコがミランベンチを去ったあとは、さらに振るわない数年が続いた。しかし1978-1979、かつてのグレ・ノ・リの一人、ニルス・リードホルムが監督として戻ってくると、ついに待望の10回目のスクデットが訪れる。優勝が決まった日、サン・シーロのスタンドには大きな星が浮かべられた。この星には10度目のスクデットを祝う他にも、ある特別な意味が込められていた。この試合から遡ること数ヶ月、66歳で亡くなったネレオ・ロッコへの哀悼と感謝の意である。

　しかし80年代の始まりは一転して非常に暗いものだった。1980年、イタリアサッカー界全体を大きく巻き込んだ

八百長事件が発覚。ミランにも1979-1980に行われたラツィオ戦で不正があったのではという疑いがかけられた。いわゆるトト・ネロ事件である。これによりミランのオーナーだったコロンボは会長の資格を剥奪され、チーム自身もセリエBに降格処分となってしまう。創立以来一度もBに落ちたことのなかったミランにとって、これは非常にショッキングな出来事だった。しかしそれ以上に衝撃だったのは、その2シーズン後のことだ。1年でセリエAに復帰したミランだったが、1981-1982には30試合で勝ち点24しか挙げられず16チーム中14位。今度は処罰などではなく実力でB落ちしてしまう。幸いBからはまた1年で戻ったものの、しばらくは低迷したシーズンが続いた。財政的にも苦しく、ミランは大きな負債を抱え、倒産寸前状態。1982年にはフランコ・バレージが22歳でキャプテンとなり、1985年にはパオロ・マルディーニが16歳でデビューを果たすなどグランデ・ミランの礎は出来始めていたものの、ミランはいまだ闇の中にあった。

V

ベルルスコーニ会長
©T.YAMAZOE

ベルルスコーニ到来とサッキのゾーンサッカー

　1986年3月23日、一機のヘリコプターがミラネッロに舞い降りた。降り立ったのは、シルビオ・ベルルスコーニ。一代で財を成したイタリア屈指のメディア王が、財政難のミランを救うべく新たなオーナーとなったのである。就任パーティーの席で彼は選手、スタッフ全員に銀の盃を配ると、それをシャンパンで満たし、乾杯の音頭と共にこう誓った──ミランを世界最強のチームにする──と。
　その第一歩として彼がまず着手したのは、アリーゴ・サッキを監督に迎え入れることだった。それまでビッグチームを率いたことのないサッキの抜擢には誰もが懐疑的だったが、この人選がミランに、いや、イタリアサッカー界全体に新たな息吹を吹き込むこととなった。
　自分が唱えていた戦術論を実践するまたとない好機に、サッキは全力を注いだ。4人のDFはフラットに並び、最終ラインは常に高く組織だってオフサイドトラップをかける。中盤はコンパクトで激しいプレッシングをかけ、必要ならばFWも守備に手を貸し、DFも攻撃参加する。それまでのサッカーとはまるで違う、スペクタクルなサッカーだった。しかしこれらを実践するには高い運動能力とスタミナ、自己犠牲の精神、そして優れたテクニックを要

する。サッキの幸運はそれだけの選手がミランに揃っていたことだ。バレージ、マルディーニ、コスタクルタ、タソッティからなるイタリア最強のDFライン、そしてなによりファン・バステン、フリット、ライカールトのオランダトリオの存在。彼らなしではサッキの戦術も机上の空論で終わっていただろう。こうしてサッキ就任1年目に、ミランはスクデットを獲得。マラドーナのナポリも抑え、敗戦はたった2試合だけという圧倒的強さを見せた。1988-1989にはチャンピオンズカップ準決勝でバルセロナを5-0、決勝でステアウアを4-0で破って20年ぶりの優勝を果たし、翌シーズンも連覇。1989年12月、東京でインターコンチネンタルカップも勝ち取り、ミランはベルルスコーニが望んだ通り、ほんの数年でイタリアでもヨーロッパでも世界でも向かうところ敵なしのモンスターチームに成長した。

しかし、しばらくするとサッキと選手の間に少しずつ亀裂が生じてくるようになる。選手を個々の存在ではなく、あくまでも駒の一つと見るサッキに、スター選手たちが我慢できるわけもなかった。特にファン・バステンとの対立は激しく、"サッキか、ファン・バステンか"というところまで来ていた。それでもチームが勝利している間は良かったが、1990-1991にスクデットを逃し、チャンピオンズカップの準々決勝でマルセイユに負けると一挙に崩壊が進行。結局サッキはミランを去ってイタリア代表監督となり、新監督にはファビオ・カペッロが就くこととなった。

オランダ・トリオ
©BUZZI

グランデ・ミラン

ミランの第三期黄金時代の礎を築いたのは確かにサッキだったが、それを花開かせたのはファビオ・カペッロだった。彼はサッキのゾーンサッカーを基本的には引き継ぎつつも、より現実的なものとした。カペッロもサッキ同様、就任時に監督経験はあまりなかったが、大きく異なった点は、カペッロにはプロ選手としての経験があったことだ。靴のセールスマンだったサッキと違い、カペッロはミランをはじめ、ローマ、ユベントス、そして代表チームでもプレーした経験があった。選手に理想論を押し付けてくるサッキよりも現実を知っていたのだ。

サッキはイタリアにエポックメーキングとなるサッカーをもたらしたが、スクデットを勝ち取ったのはたった一度。それに比べてカペッロ・ミランは5シーズンで4回優勝という成績を残している。就任してすぐの1991-1992には、セリエA史上初の無敗優勝。勢いに乗るミランは綺羅星のようなスター選手を次々と獲得し、更なる飛躍を図る。

翌1992-1993にはオランダトリオが健在にもかかわらず、前年度バロンドールのパパン、天才サビチェビッチ、クロアチアの英雄ボバンを加えてまたも優勝。1993-1994にはデサイー、パヌッチが加わり3連覇を達成。その前年からチャンピオンズリーグと名称を変えていた決勝では、当時ドリームチームといわれたバルセロナに4-0で完勝。世界屈指のチームに敬意を評し、人々はグランデ・ミラン（偉大なるミラン）と呼んだ。

しかし、こうした輝かしい勝利の内側でミランは確実に疲弊していた。1994-1995には怪我のためファン・バステンが引退。フリットはカペッロに重用されないとして移籍、ライカールトも古巣アヤックスに戻り、一世を風靡したオランダトリオは瓦解した。また、カペッロの堅実すぎるサッカーに物足りなさを感じだしたミランは、バッジョのようなファンタジーあふれる選手を獲得したが、結局うまくフィットせず。ウェアの活躍で1994-1995には再び優勝を果たしたが、それを最後にカペッロはレアル・マドリードに去っていった。

2007年12月、横浜で
クラブワールドカップ優勝
©T.YAMAZOE

混沌から再び頂点へ

　カペッロの移籍は、ミランの第三黄金期終焉の合図でもあった。彼のあとを追うようにパヌッチが去り、ミランの精神的支柱であったフランコ・バレージが引退。監督もタバレス、サッキ、カペッロ、ザッケローニ、C・マルディーニ、テリムと次々と変わり、それに呼応するように順位も低迷。ビッグネームで補強を図るもなかなか浮上できず、戻ってきたサッキやカペッロもただ混乱に追い討ちをかけるだけだった。この混沌の時代、唯一成功したのがザッケローニの1年目の1998-1999だった。ドイツ人ストライカー、ビアホフが20ゴールを決めて得点王となり、ボバン、ウェア、レオナルドの活躍もあって、久々にスクデットを勝ち取った。1999年はクラブ創立100周年でもあり、その記念すべき年をミランはスクデットで祝うことができた。しかしその後はチャンピオンズリーグ途中敗退などが続き、なによりベルルスコーニとの不仲から、ザッケローニは2000-2001の途中に解任。その後再び監督が変わる混沌が続いた。

　こんな状況のミランを救ったのが、監督として戻ってきたカルロ・アンチェロッティだった。シーズン途中から指揮をとった2001-2002こそなかなかエンジンがかからなかったが、翌2002-2003には彼のサッカーが浸透。新

たなミラン旋風が巻き起こる。サッキの愛弟子だったアンチェロッティは、サッキの組織サッカーに独自の戦術を加えたポゼッションサッカーを展開。その中心となったのがアンドレア・ピルロだった。インテル時代はトップ下としてプレーしていたピルロを、アンチェロッティはレジスタ（ディフェンシブ・ハーフ）に転向させ周囲を驚かせたが、これが大当たりだった。またインザーギをユベントスから引き抜き、世界最高のDFといわれていたネスタを獲得して老朽化していた守備面を一新。攻守のバランスが取れたチームを作り上げた。リーグでは3位に終わったものの、チャンピオンズリーグでは決勝に進出。ライバル、ユベントスをPK戦の末に破って優勝し、キャプテンのパオロ・マルディーニは40年前に父チェーザレがそうしたようにビッグイヤーを天に掲げた。

　2003-2004、ブラジルからカカーがミランにやってきた。彼は驚異的な順応性でチームに溶け込み、トップ下のポジションをルイ・コスタから奪う活躍ぶりをみせる。トップではシェフチェンコがゴールを量産し、5シーズンぶりのスクデットを獲得した。この時ミランが挙げた勝ち点82は、当時のセリエAの最高記録だった。しかし、その後2年は逆境のシーズンが続いた。2003-2004はユベントスにスクデットを奪われ、リバプールと対戦したチャンピオンズリーグ決勝では前半3-0とまでリードしていたのに、後半たったの6分間で同点に追いつかれ、結局はPK戦の末に敗れてしまった。この試合は、ミランの歴史の中でも最も悔いの残るものといわれている。2005-2006、ミランはカルチョポリと呼ばれる八百長疑惑に巻き込まれ、順位を落とされ、おまけに次のシーズン（2006-2007）もマイナス8ポイントからのスタートを課せられる。シェフチェンコもチームを去り、厳しい状況だった。しかし、だからこそチームが一丸となり、チャンピオンズリーグでは因縁のリバプールを今度こそ破って、史上7度目の優勝を果たした。またその後、横浜の地でクラブワールドカップも制し、ミランは世界一のチームに輝いた。

VIII

インザーギ監督
（2014-2015）
©BUZZI

新時代への歩み

　2009-2010のミランは、大きく様がわりをした。なにより大きかったのはキャプテン、パオロ・マルディーニが前シーズンを最後に引退したことだった。彼の抜けた穴はピッチの内外で大きかった。また一時代を築いたカルロ・アンチェロッティもチェルシーに去り、それまでフロントだったレオナルドが監督にスライド。レオナルドはミラ

ニスタに愛されていたが、チームを率いた経験はなく、チャンピオンズリーグもベスト16止まり。結局1シーズンでベンチを去った。その後ミランの監督に就いたのが、マッシミリアーノ・アッレーグリだ。彼もビッグチームを率いた経験はなかったが、アッレーグリの幸運はミランがズラタン・イブラヒモビッチを獲得したことだった。優勝請負人の名に相応しく、彼はミランに多くのゴールを与え、それまで5連覇を続けていたライバル、インテルからイタリアチャンピオンの座を奪い取った。

　新たなミラン旋風の幕開けをミラニスタは期待したが、翌シーズンはイブラヒモビッチが得点王となるも、スクデットはユベントスへ。2014年の1月には、本田圭佑が日本人として初めてロッソネロのユニホームに袖を通すが、デビュー直後にアッレーグリが解任。ここからミランの迷走が始まる。サブコーチだったタソッティを経てセードルフが監督に就くもミランを持ち直すことはできず。翌シーズンはサポーターの心を取り戻すため、ミラニスタのハートを持つフィリッポ・インザーギを抜擢したが、結局は10位という近年まれに見る下位でシーズンを終えてしまった。

　2015-2016には前年にサンプドリアを率いて好調だった鬼軍曹シニシャ・ミハイロビッチを監督に招聘。しかしミランの病は根深く順位は上がらず、ベルルスコーニは痺れを切らしシーズン途中でミハイロビッチを解任。後釜にはプリマベーラを率いていたクリスティアン・ブロッキが就いたが、期待していたヨーロッパカップ出場権も手に入れられず、彼もまたシーズン終了後ベンチを去った。

　こうしたミランの不調の一番の原因は、選手に金をかけなくなったことにあった。数年間に渡りレンタルや移籍金0の選手を集めてばかりでは良い成績を残すことはできない。かつて豊富な資金を誇っていたベルルスコーニ・ミランも財政難に陥っていた。そこでその治世の30年目にして、ベルルスコーニはミランの株を売却することを決意する。伝統ある名門チームを手に入れようと世界中の多くの者が名乗りをあげたが、最終的に中国人企業家がミランの次期オーナーになった。彼はミランに新風を巻き起こそうとしている。頓挫していたミラン専用のスタジアム建設に対しても意欲的だ。

　監督モンテッラはチームに自信とアイデンティティーを与えることに成功する。ここ数年誰もが目指しながら成し得なかったことだ。セリエAでは、久々にミランが上位に名を連ね、GKドンナルンマを始めとした優秀な若手も次々と頭角を現し、ミランの新たな時代が始まろうとしている。

Le bandiere 旗手

Part I
選 手 紹 介

Franco Baresi

DF

Franco Baresi フランコ・バレージ
DF 1960年5月8日生まれ　176cm／70kg（1977年〜1997年）イタリア

80年代から90年代のミランの精神的支柱であり、鉄壁のDFラインを見事に統率。イタリアで一世を風靡した、サッキやカペッロのゾーンプレスサッカーが成功したのも、この安定した守備があったからこそである。22歳でキャプテンとなり、97年にマルディーニに受け渡すまで、15シーズン重責を務めた。その功績を讃え彼の背番号6は、ミランの歴史始まって以来の永久欠番となった。ちなみに兄のジュゼッペ・バレージは、ライバルであるインテルのキャプテン。当時のミラノデルビーでは兄弟対決も見られた。

©T.YAMAZOE

Paolo Maldini
DF

Paolo Maldini パオロ・マルディーニ
DF 1968年6月26日生まれ　186cm／85kg（1985年〜2009年）イタリア

サッカー界にサラブレッドがいるとしたら、まさに彼の事を言うのだろう。父チェーザレもまたミランを代表する選手であり、キャプテンであった。ミランの下部組織で成長し、16歳でトップチームデビュー。以後25年間のサッカー人生すべてをミランに捧げた。

彼の背番号3はその功績をたたえ永久欠番。ただしそれをつけてプレーできる選手が世界に二人だけいる。ミランのユースチームで成長した、同じマルディーニの名を持つ彼の息子たちだ。

Alessandro Costacurta
DF

Alessandro Costacurta アレッサンドロ・コスタクルタ
DF 1966年4月24日生まれ 182cm／75kg（1987年〜2007年） イタリア

ミランの黄金時代に圧倒的な守備力を誇ったDFの一人。バレージとのCBコンビは世界最強とも言われ、またバレージ引退後もその不在を感じさせないプレーを見せた。ミランの下部組織出身で、41歳と25日で引退するまでの約27年間をロッソネロのユニホームに捧げた。最後までトップクラスのプレーを続け、現役最終戦でもDFながら自身3ゴール目となる得点を決めている。ニックネームの"ビリー"は彼が子供の頃にファンだったバスケットボールチーム、オリンピア・ミラノの胸スポンサー（ジュース会社）に由来する。

Gennaro Gattuso
MF

Gennaro Gattuso ジェンナーロ・ガットゥーゾ
MF 1978年1月9日生まれ　177cm／77kg（1999年〜2012年）イタリア

"リンギオ——咆哮"というニックネームが彼のプレーの全てを表している。闘志をむき出しに、疲れを知らない底なしのスタミナでピッチをくまなく走る姿は、まさに闘犬だ。テクニカルでもなく、エレガントでもないが、そのハードな仕事人のプレーに彼は誇りを持っていた。彼の真価はミランもよく理解しており、アンチェロッティにおいては「ガットゥーゾには裏切られたことがない」と絶賛している。華麗なミランのプレーを支えていたのは、実はガットゥーゾの泥臭いプレーだったのだ。

©T.YAMAZOE

©BUZZI

Alessandro Nesta
DF

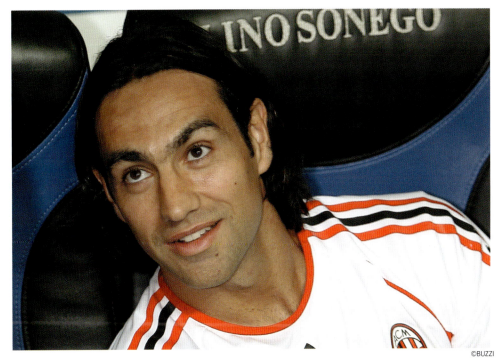

Alessandro Nesta アレッサンドロ・ネスタ
DF 1976年3月19日生まれ 187cm／79kg（2002年〜2012年）イタリア

ラツィオのシンボル的存在であったが、チームの財政難からミランに移籍。モダンサッカーのDFに必要な才能、強靭なフィジカル、スピード、ポジショニングのセンスの良さ、1対1や空中戦での強さを兼ね備え、多くの選手が「最も対峙したくないDF」にネスタをあげた。しかしそれでもハードなDFというより、あくまで華麗なところがネスタのネスタたる所以だ。甘いマスクもあいまってイタリア女性からは「最高にセクシーなサッカー選手」にも選ばれたことがある。

©T.YAMAZOE

Gianni Rivera

MF

ジャンニ・リベラ *Gianni Rivera*

MF 1943年8月18日生まれ　175cm／68kg（1960年〜1979年）

60年代から70年代のミランの旗印。繊細で芸術的な足、創造性、ゲームメイクのセンスを持ち、その後バッジョやデル・ピエロが続くイタリアのファンタジスタの系譜の祖とも言われている。15歳にして地元アレッサンドリアでセリエAにデビューを果たし、17歳でミランへ。すぐに中心選手となりスクデットやチャンピオンズカップ優勝などを手に入れ、1969年にはイタリア人として初のバロンドールを受賞している。イタリア代表でも活躍したが同じポジションにライバル・インテルのサンドロ・マッツォーラがおり、どちらを起用するかはイタリア中を巻き込んだ論争を巻き起こした。選手引退後は、政治家に転身した。

Roberto Donadoni
MF

Roberto Donadoni ロベルト・ドナドーニ
MF 1963年9月9日生まれ　176cm／70kg（1986年〜1996年、1997年〜1999年）　イタリア

ベルルスコーニがオーナーに就任し、クラブ再建の第一歩として獲得を命じた選手の一人がドナドーニだった。かのミッシェル・プラティニをして「90年代最高のMF」と言わしめた、中盤としてのすべての資質を兼ね備えたプレーヤー。ドリブル、スプリント、プレーのビジョン、どれをとっても一流で、特に彼のサイドからの正確無比なクロスは相手チームにとって脅威であった。この時代のミランの攻撃と守備が絶妙なバランスを取れていたのは中盤での彼の存在が大きい。

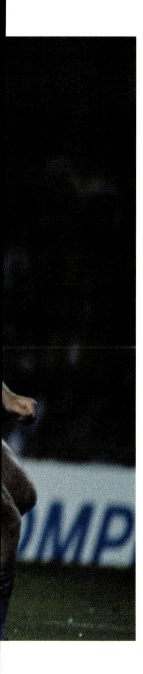

©T.YAMAZOE

Ruud Gullit
MF

©T.YAMAZOE

Ruud Gullit ルート・フリット

MF 1962年9月1日生まれ 186cm／83kg （1987年〜1993年、1994年〜1994年） オランダ

ミラン黄金期を代表するオランダトリオの一人。テクニック、フィジカル、パワー、ビジョン、そして情熱と、どれをとっても超一流。トップからリベロまでのすべてのポジションをそつなくこなすことができる天才的オールラウンドプレーヤーだった。珍しいドレッドヘアーもあって、サッカー界の常識を覆す「革命児」とも言われた。その存在感は圧倒的でフリットマニアと呼ばれる多くのファンが生まれ、当時ナポリにいたマラドーナに対抗するほどの人気を生んだ。

©T.YAMAZOE

©T.YAMAZOE

Frank Rijkaard

MF/DF

Frank Rijkaard フランク・ライカールト
MF/DF 1962年9月30日生まれ　190cm／80kg（1988年〜1993年）オランダ

アリーゴ・サッキ監督がベルルスコーニ会長と対立してまでも、強固に欲しがったのが3人目のオランダ人、フランク・ライカールトだった。加入後にはすぐにミランの中心選手となり、サッキの主張が正しかったことを証明してみせた。彼が確実に中盤でボールを奪い、前線につないだことは、ミランが一時代を築いたことと無関係ではない。オランダトリオの中では一番地味な印象を受けるが、最も安定した持続力でミランに貢献したのはライカールトだった。

Demetrio Albertini
MF

Demetrio Albertini デメトリオ・アルベルティーニ

MF 1971年8月23日生まれ　177cm／72kg（1988年〜1990年11月、1991年〜2002年）イタリア

　メトロノーム——中盤の底として決して乱れぬ正確なリズムを刻み、卓越したプレーのビジョンでチームを動かす彼を人はそう呼んだ。マルディーニ、コスタクルタ同様、ミランの下部組織で成長したMade in Milan。サッキ政権下で17歳でデビューを果たし、カペッロ・ミランで不動のレギュラーとなった。プレースキックに優れ、決して汚いプレーをしないことでも知られていた。引退後はイタリアサッカー協会に入り、副会長なども務めた。

©T.YAMAZOE

©T.YAMAZOE

Zvonimir Boban
MF

Zvonimir Boban ズボニミール・ボバン
MF 1968年10月8日生まれ　183cm／79kg（1992年〜2001年）クロアチア

ハイレベルなテクニックとプレーのセンス、インテリジェンスの感じられるタッチでミランの10番を任された。レジスタとしてプレーしていたが、ミランでの4度目のスクデットの時にはトップ下としてチームの優勝に大きく貢献。

旧ユーゴスラビア時代セルビア系の警官に殴られていたクロアチア系の少年を、試合中にもかかわらず助け、W杯の出場チャンスを逃したのは有名な話で、祖国クロアチアでは国民的な英雄である。現在はイタリア・スカイスポーツの解説者を務め、歯に絹着せぬ論評が人気である。

©T.YAMAZOE

Andrea Pirlo
MF

©BUZZI

Andrea Pirlo アンドレア・ピルロ
MF 1979年5月19日生まれ 177cm／68kg（2001年〜2011年）イタリア

インテル、ミラン、ユベントスとイタリアのビッグチームを渡り歩いたピルロだが、やはり彼の才能が一番発揮されたのは10年間所属していたミランにおいてであろう。インテル時代トップ下だったポジションを、ミランに来て中盤の底に移すと水を得た魚のように活躍、世界有数のレジスタにまで成長した。常にゲームの先を読み、長短のパスを自在に操り、正確なプレースキックを蹴り――と、まるでサッカーの手本のようなので、誰ともなく彼のことをマエストロと呼ぶようになった。ミランが彼と契約を延長せず、ライバル・ユベントスに渡してしまったことは、ミラン史に残る痛恨のミスの一つと言われている。

Kaká
MF

Kaká カカー

MF 1982年4月22日生まれ　185cm／79kg（2003年〜2009年、2013年〜2014年）ブラジル

最高のテクニックと決断力、プレーのビジョンが、類まれなる身体能力と結びついて出来上がったのがカカーという選手だ。中でも彼の最高の武器はドリブルの巧みさと攻め上がる時のスピードで、ミランのフィジカルトレーナーによると30mを3.8秒で走ったという。またゴールセンスもFW並で、ミランでの公式戦だけでも103ゴールを決めている。貴公子然とした風貌で、かのジョルジョ・アルマーニのモデルを務めたこともあった。敬虔なキリスト教徒でもあり、天を仰いで神に感謝するゴール後のパフォーマンスは有名。

©T.YAMAZOE

Marco Van Basten
FW

Marco Van Basten マルコ・ファンバステン
FW 1964年10月31日生まれ 188cm／80kg（1987年〜1993年）オランダ

別名ユトレヒトの白鳥――その長身を生かした優雅なプレーはあたかも白鳥が羽ばたくかのようであった。ファンバステンがサッカーの歴史の中でも最強のストライカーの一人であることは間違いない。ミランの黄金時代も彼なしには語ることはできない。100mを11秒以内の恐るべきスピードで走り、ドリブル、ダッシュ、テクニック、アクロバティックなプレー、ビジョン、どれをとっても一流だ。ゴールのレパートリーは驚くほど豊富でボールタッチは繊細。怪我のため29歳で引退を余儀なくされたのは、ミラニスタだけでなく多くのサッカーファンを悲しませました。

©T.YAMAZOE

Dejan Savicević
FW/MF

©T.YAMAZOE

Dejan Savicević デヤン・サビチェビッチ
FW/MF 1966年9月15日生まれ　179cm／78kg（1992年〜1998年）　モンテネグロ

世界中のスター選手が集まっていた90年代のセリエAで、ジェニオ（天才）と呼ばれた男。自由奔放なドリブルや切れ味のあるスルーパスで敵の裏をかき、強力なシュートでゴールを奪う。かのロベルト・バッジョでさえ彼から背番号10を奪うことはできなかった。1993-94のチャンピオンズカップ決勝、主力の多くを欠くミランがバルセロナを4-0で破った試合では、すべてのゴールに絡む活躍を見せ、伝説となっている。

Andriy Shevchenko

FW

Andriy Shevchenko アンドリー・シェフチェンコ

FW 1976年9月29日生まれ 183cm／72kg（1999年〜2006年、2008年〜2009年）ウクライナ

ソビエト時代のウクライナのレジェンド、オレグ・ブロヒンから「ウクライナの矢」の称号を受け継いだストライカー。稲妻のように疾走しDFを抜き去り、敵の息の根を止めた。抜群の得点感覚だけでなく高い順能力があり、外国人選手が慣れるのには時間がかかるというセリエAで、移籍1年目で24ゴールをマークし、いきなり得点王に輝いた。ミランに在籍した8年間で175ゴールを決め、往年のノルダールに次ぎ歴代2位の得点の多さを誇ってもいる。バロンドールを受賞した初代「ウクライナの矢」にならい、チェフチェンコも2004年には同じトロフィーを勝ち取っている。引退後は政治家、プロゴルファーなどを目指したが、その後自国の代表監督となった。

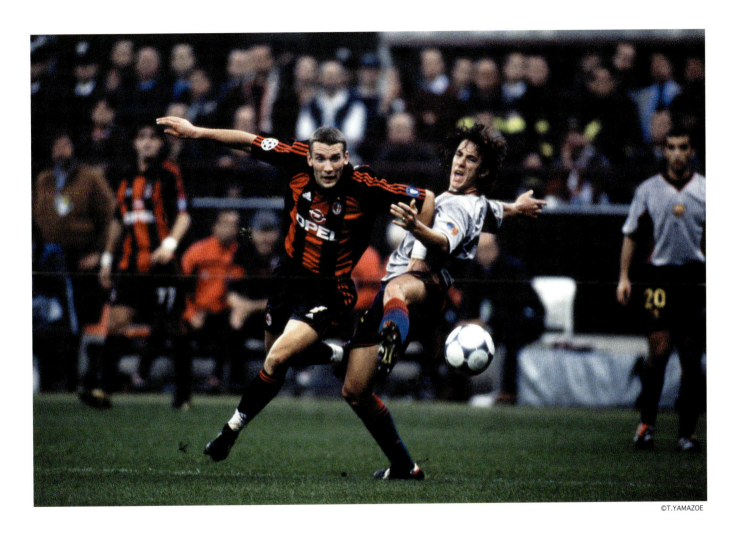

Filippo Inzaghi
FW

Filippo Inzaghi フィリッポ・インザーギ
FW 1973年8月9日生まれ　181cm／74kg（2001年〜2012年）イタリア

生粋のゴールゲッター。フィリッポ・インザーギにはそんな呼び名がよく似合う。ゴールを愛することにかけたら、彼の右に出る者はいないだろう。野生動物並みのゴールへの嗅覚、オフサイドラインギリギリのところに生息し、最後のワンタッチに命をかける。ゴールへの気持ちがあまりにも強いため、エゴイストととられがちで、実際チームメイトと揉めることも多かったが、それもまたストライカーの魂の成せる技であった。39歳で引退するまでクラブチーム、代表チーム合わせ通算313ゴールを挙げている。

©BUZZI

バレージはインテリスタ?

　フランコ・バレージといえば、80年代から90年代にかけて長きに渡りキャプテンを務めた押しも押されもせぬミランの代表的選手。彼の顔を見ればロッソネロのユニホームが浮かぶが、実はそんなバレージが最初はミランではなく、ライバル・インテルに入団しようとしていたのをご存知だろうか?

　2歳年長の兄ジュゼッペ・バレージ(のちにインテルの旗印となり、当時のダービーでは兄弟対決が見られた)がすでにインテルのユースに入っていたため、フランコも15歳の年に当たり前のようにインテルのテストを受けた。ところがあまりにも痩せているという理由から、なんと不合格にされてしまう。しかし彼の身体能力の高さに目をつけた当時のミランのスカウトが、彼にミランのテストを受けるように勧め、こちらは無事合格。つまりミランの鉄壁のDF、キャプテン・バレージが誕生したのは、ある意味インテルのお陰だった。

ファンバステンの運命?

　ミランのオランダトリオの一人、ファンバステンはマルコの名前で知られているが、実は本名はマーセル・ファンバステン。しかし幼い頃から両親はなぜか息子のことをイタリア風にマルコと呼んでいた。ミラニスタたちは「彼がイタリアに、ミランに来ることは神の定めた運命だったのだ」と思っている。

I campioni 名手

Part **II**

選 手 紹 介

©T.YAMAZOE

Giovanni Galli ジョバンニ・ガッリ

GK 1958年4月29日生まれ　187cm／81kg（1986年〜1990年）　イタリア

80年代後半、ライバルのインテルにはヴァルテル・ゼンガ、ユベントスにはステーファノ・タッコーニという代表クラスのGKがいたというのに、ミランの守護神だけはどうもパッとしなかった。そこでベルルスコーニが会長就任後、最初に手掛けたことの一つがGKの補強。イタリアで最高レベルのGKを、ということで白羽の矢が立ったのが、86年のメキシコW杯でアッズーリのゴールを守ったジョバンニ・ガッリだった。

©T.YAMAZOE

©BUZZI

Dida ジーダ

GK 1973年10月7日生まれ 195cm／85kg
（2000年〜2001年9月、2002年〜2010年）ブラジル

ブラジルには優れたストライカーは数多くいるが、良いGKはいない。カテナチオの本場イタリアでは長くそう信じられてきたが、ミランで堂々の活躍を見せその定説を覆したのがジーダだ。天性の反射神経の良さで多くのシュートをセーブ。中でも2003年のチャンピオンズリーグ決勝で、ユベントス相手に3本ものPKを止めたスーパーセーブは、いまだにミラニスタの間では伝説となっている。ミランの歴史の中でもトップ3に入るGKだ。

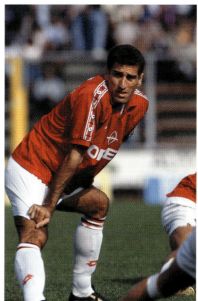

Mauro Tassotti マウロ・タソッティ
DF 1960年1月19日生まれ 177cm／72kg（1980年〜1997年） イタリア

バレージやマルディーニのように有名ではないが、彼もまたミランの黄金期を支えた重要な選手である。1980年、まだミランがB降格を繰り返していた頃に移籍。当時はただ当たりが激しいだけのカット屋だったが、ミランに来てテクニックと戦術的センスを身に付け、サッキの敷くゾーンディフェンスにもなくてはならない存在になった。その功績が認められ、なんと32歳でA代表デビューを果たしW杯でもプレーした。17年間の選手生活の後もミランに残り、ユースコーチ、サブコーチなど、ミランのために努めた。まさに骨の髄までロッソネロな男だ。

Filippo Galli フィリッポ・ガッリ

DF 1963年5月19日生まれ 183cm／71kg（1983年〜1996年11月） イタリア

黄金時代のミランは鉄壁の守備で知られていたが、その強みはタイプの違うDFを揃えていることだった。その中で一番エレガントなプレーを見せていたのが、フィリッポ・ガッリだ。しかしベルベットのような柔らかなボールタッチとは裏腹にそのマークは執拗で、プラティニやマラドーナといった一流のファンタジスタを苦しめた。彼の活躍で忘れられないのは1993－1994のチャンピオンズカップ決勝、対バルセロナ戦。この試合、ミランDFはバレージとコスタクルタを出場停止で欠き、かなり不利な状況だった。しかし当時最強と言われたFWロマーリオをガッリが完封。バルセロナを無得点に抑え、結果ミランは4-0で圧勝した。

©BUZZI

Ronaldinho ロナウジーニョ
FW 1980年3月21日生まれ　182cm／80kg（2008年〜2011年）ブラジル

2008年の夏のある夜、試合も無いというのに、サンシーロは4万人のミラニスタで埋め尽くされていた。バルセロナから移籍してきたロナウジーニョの顔見世が行われたのである。それは、そのままミランの彼への期待度の高さを表していた。ミランにいた期間は短く、タイトルこそ取れなかったが、まるでマジックのようにボールを自在に操る極上のテクニックと卓越したプレーのヴィジョン、見る者を楽しくするサッカーで何度もスタンドをわかせた。ベルルスコーニも「ロナウジーニョのプレーを見るだけでチケット代の元が取れる」と絶賛した。

©T.YAMAZOE

Serginho セルジーニョ
DF/MF 1971年6月27日生まれ 181cm／75kg（1999年〜2008年） ブラジル

スピードあるプレーが持ち味で、コンコルドのニックネームでも親しまれた。突破力のあるドリブルでサイドを駆け上がり、精度の高いクロスをあげ攻撃にも大きく貢献。特にアンチェロッティによって左サイドバックにコンバートしてからは、チームに欠かせない選手となった。また、そのキックも正確で、何度もFKを任された。2003年のチャンピオンズリーグ決勝、PK戦にまでもつれこんだユベントスとの対戦では、最初のキッカーという重責をものともせずシュートを決め、ミランに勢いをもたらした。

©T.YAMAZOE

©T.YAMAZOE

©BUZZI

Kakha Kaladze カハ・カラーゼ
DF 1978年2月27日生まれ　186cm／76kg（2001年〜2010年）　ジョージア

パワーと、ポテンシャルの高いフィジカルを生かしたプレーが得意なDF。ディナモ・キエフでの活躍を買われて23歳でミランに移籍、セリエA史上初のジョージア人プレーヤーとなった。当時のミランにはスタープレーヤーがひしめいていたが、その高い守備力と安定したプレーでたちどころに監督たちの信頼を得、レギュラーの座を手に入れる。SBだけではなくCBもこなせたので、マルディーニ不在の時はそのポジションを任せられることもあった。引退後は祖国ジョージアで政治家となり内閣入りも果たしている。

Ignazio Abate イニャツィオ・アバーテ
DF 1966年11月12日生まれ 180cm／73kg
(2003年〜2004年、2009年〜) イタリア

スピードとエネルギッシュが売りのサイドバック。右サイドでの本田との連携プレーは息がぴったり合っていて、それが2014-2015シーズンのミランの好調スタートにつながった。昨今では珍しいミランの下部組織出身で、17歳でトップチーム入りを果たしたが、公式戦に2試合プレーしたのみでレンタル。多くのチームを回った後、ミランにやっと戻ってきたのは22歳の時だった。しかし、それまでの経験が功を奏したのか、すぐにレギュラーとして定着。以降はコンスタントに出場している。父のベニアミーノ・アバーテもプロのサッカー選手で、実はライバル・インテルのGKだったこともある。

Cafu カフー

DF 1970年6月7日生まれ 176cm／75kg（2003年〜2008年）ブラジル

豊富な運動量で右サイドを駆け上がり、極上のクロスをあげるサイドの支配者。自らゴール前に飛び込み、得点することもできる。そのスピードあるプレーから、イタリアでは「ペンドリーノ（イタリアの新幹線）」とも呼ばれた。2003年にローマを退団したあと、横浜F・マリノスに移籍するはずだったが、それに待ったをかけたのがミラン。すでにカフーは33歳になっていたのだが、違約金を払ってでも彼の獲得を推し進めた。しかしその選択は間違ってはいなかった。カフーはすぐに不動の右サイドバックとなると、その年のスクデット獲得に大きく貢献。ベテランになっても多くの重要なタイトルを勝ち取った。

©BUZZI

Thiago Silva
チアゴ・シウバ

DF 1984年9月22日生まれ 182cm／79kg
（2009年1月～2012年）ブラジル

CBというポジションがより重要になってきている現代サッカーで、世界最高峰の呼び声が高い選手。スピードあるプレーをベースに、ポジショニングのセンスを併せ持ち、誰よりも早く先を読みカバーに入る。また、攻撃の起点となることも多い。冷静沈着で状況判断にも優れ、リーダーシップもあることから、ミランのレジェンド、パオロ・マルディーニに自らの後継者とも言わしめた。ブラジル人選手にしては珍しく戦術にも詳しく、それがイタリアサッカーとマッチしたのか、ミランで急成長。ミランにいた3年間で4倍近くに跳ね上がった移籍金が、それを如実に証明している。

Nils Liedholm ニルス・リードホルム
MF 1922年10月8日生まれ　183cm／82kg（1949年〜1961年）スウェーデン

オランダトリオに先駆けること30年、1950年代のミランに最初の黄金時代をもたらしたスウェーデン人トリオがいた。グンナー・グレン、グンナー・ノルダール、ニルス・リードホルム。それぞれ名前の一部をとって「グレ・ノ・リ」と呼ばれた。中でもリードホルムは誰よりも長くミランに所属、エレガントなプレーと正確無比なアシストでミランの勝利に貢献した。引退は38歳。当時この年齢まで現役を続けるプレーヤーは稀であった。引退後にはミランの監督を何度も務めている。

Giovanni Trapattoni ジョバンニ・トラパットーニ
MF 1939年3月17日生まれ 175cm／73kg（1957年〜1971年）イタリア

ユベントスやインテルの"監督"というイメージが強いが、実はトラパットーニは現役時代のほとんどをロッソネロのユニホームを着て過ごしている。彼は14シーズンで351試合に出場した、ミランの看板選手だった。誰よりも先を読み、決して好機を逃さず、ポジショニングのセンスにも優れた中盤。また守備も巧みで、かのペレさえも完全に封じ込めてしまったことがある。ミランではスクデット、チャンピオンズカップ、コッパ・イタリア、カップ・ウィナーズ・カップ、インターコンチネンタルカップと取れるタイトルすべてを勝ち取っている。

Fabio Capello ファビオ・カペッロ
MF 1946年6月18日生まれ　178cm／71kg（1976年〜1980年）　イタリア

ミランの智将として名高いカペッロだが、選手としてもミランでプレーしている。キャリアの最晩年ではあったが、スクデットもコッパ・イタリアも手にした。最後の2シーズンは怪我に悩まされ、あまりプレーはできなかったが、多くの者はすでに監督としての才を彼の中に見出していたようだ。ジャンニ・リベラもその一人で、カペッロが引退した後もミランに残って指導者となるようにチームに直訴していたという。

©BUZZI

©BUZZI

Alberico Evani
アルベリコ・エバーニ

MF 1963年1月1日生まれ 174cm／63kg
（1980年〜1993年）イタリア

ミラニスタが彼の名前とともにまず思い出すのは、1989年に東京で決めたゴールであろう。119分にエバーニが蹴ったFKはイギータの守るゴールに突き刺さり、ミランにベルルスコーニ時代最初のインターコンチネンタルカップをもたらした。14歳からミランの下部組織で育ち、18歳にしてトップチームデビュー。戦術を正確に理解し実践するところがサッキから高い評価を受け、黄金期のミランの中盤の核となった。運動量も豊富で、精度の高い左足は彼の強力な武器だった。

©T.YAMAZOE

©BUZZI

©T.YAMAZOE

Carlo Ancelotti
カルロ・アンチェロッティ

MF 1959年6月10日生まれ 179cm／74kg
（1987年〜1992年）イタリア

1987年夏、ベルルスコーニはミランの再建を目指し、広く優秀な選手を集めていた。中でもアリーゴ・サッキたっての願いで移籍市場の最終日に獲得したのが、運動量豊富な守備的MF、カルロ・アンチェロッティだった。当時アンチェロッティはローマの中心選手だったが、膝の故障ですでにそのキャリアは終わったと考えられており、ローマは彼の移籍を承認。しかしミランに来てすぐに中心選手となり、代表の座も再び手に入れた。選手時代から戦術に精通し、特にサッキに傾倒。それが現在の名将アンチェロッティの礎となっている。

Gianluigi Lentini
ジャンルイジ・レンティーニ

MF/FW 1969年3月27日生まれ 179cm／72kg
（1992年〜1996年）イタリア

スピードのあるドリブルと華麗なテクニックでサイドを駆けぬけるウィンガー。その才能はバッジョに匹敵するとも言われ、1992年当時世界最高の金額でトリノからミランへ移籍。一躍ミスター650億（リラ）として有名になった。ミランでの1年目はスクデット獲得に大きく貢献したが、1993年の8月、運転していたポルシェが高速道路で大破。奇跡的に一命はとりとめたが大怪我をし、その後の1シーズンはほとんど棒に振ってしまった。後に代表に召集されるほどにまで復活したが、それでもかつての輝きは最後まで取り戻すことができなかった。

Marcel Desailly
マルセル・デサイー

MF 1968年9月7日生まれ 183cm／80kg
（1993年〜1998年）フランス

90年代のイタリア、ヨーロッパ、世界を圧巻したカペッロ・ミランの中心選手。強靭なフィジカルと驚異的な運動能力を兼ね備え、1対1では負けることがなかった。シーズン途中で加入したにもかかわらず、慣れるのは難しいといわれるイタリアサッカーにすぐに馴染み、スター選手ひしめく当時のミランでレギュラーの座を確保。元々は中盤の選手であったが、センターバックにコンバートされてもすぐに結果を出す順応力も素晴らしかった。1998年のW杯で開催国フランスが勝利したのも、このデサイーの守備力に負うところが大きい。

©T.YAMAZOE

Massimo Ambrosini
マッシモ・アンブロジーニ

MF 1977年5月29日生まれ 182cm／72kg
（1995年〜1997年、1998年〜2013年）イタリア

長きに渡り攻守両面でミランに貢献してきたMF。途中1シーズン、ビチェンツァにレンタル移籍したが、通算17シーズンをミランでプレーした。身体能力が高く、中盤を精力的に動き回る。特に長身を生かしての空中戦に強く、仲間のプレースキックに合わせてゴール前に飛び込むシーンもよく見られた。パオロ・マルディーニの引退後はミランのキャプテンマークを任され、派手ではないがその闘志溢れるプレーでチームを引っ張った。

©T.YAMAZOE

©T.YAMAZOE

Leonardo レオナルド
MF 1966年9月5日生まれ　177cm／71kg
（1997年～2001年、2002年10月～2003年4月）ブラジル

左サイドバックから攻撃的MFまで器用にこなすが、その最大の武器は正確無比な左足だ。柔らかなタッチから繰り出されるボールは、どんな軌跡も描くことができた。また人間性にも優れ、どこのチームに行ってもチームメイトやサポーターから愛された。ただしフィジカル面に脆さがあり、キャリアの最後は怪我に泣かさた。引退を表明しながらも、2002年10月に突如ミランに復帰したが、数試合をプレーしたのみでついに選手生活に別れを告げた。

Christian Panucci
クリスティアン・パヌッチ

DF 1973年4月12日生まれ　180cm／73kg
（1993年～1997年）イタリア

本来のポジションは右サイドバックであったが、その後ディフェンスのどこでもプレーできるオールマイティープレーヤーに変貌を遂げる。仲間へチャンスボールを繰り出すと同時に、自らゴールも決める。気難しい性格から監督とぶつかることも多かったが、ファビオ・カペッロには高く評価され、弱冠20歳の彼をジェノアからミランに呼んだのも、自分の移籍と同時にレアルに引き抜いたのもカペッロだった。引退後はダンスのコンテストに出るなど多彩な面も持ち合わせている。

©BUZZI

©T.YAMAZOE

Manuel Rui Costa マヌエル・ルイコスタ

MF 1972年3月29日生まれ　180cm／74kg（2001年～2006年）ポルトガル

天才的な閃きから繰り出されるパスや、柔らかなタッチで敵を次々かわしていくドリブル。ルイコスタはポルトガルが生んだ世界最高レベルのファンタジスタだ。長短のパスを見事に使いわけ、魔法の足を持っていると言われた。フィオレンティーナ時代はバティストゥータと共に活躍。ミランでの3シーズンでは、ゴールは11と決して多くはなかったが、アシスト数はなんと65。唯一、才能に見合うだけのタイトルが獲得できなかったことだけが惜しまれる。

Clarence Seedolf クラレンス・セードルフ

MF 1976年4月1日生まれ 176cm／76kg（2002年～2012年）オランダ

卓越したテクニックと高い身体能力を併せ持ち、そのボールさばきは神業に近い。中盤で得たボールを前線につなぐスピードは驚くばかりで、自らロングシュートでゴールを狙うことも。中盤の全てのポジションをこなせるユーティリティー性もある。選手時代から戦術に精通しており、監督の指示に口を出して怒りを買うこともしばしば。そこでついたニックネームが、"プロフェッサー（教授）"だ。アヤックス、レアル・マドリード、ミランでチャンピオンズリーグを制しているが、3つの異なるチームで優勝を経験したのは、サッカー界広しといえども彼一人である。

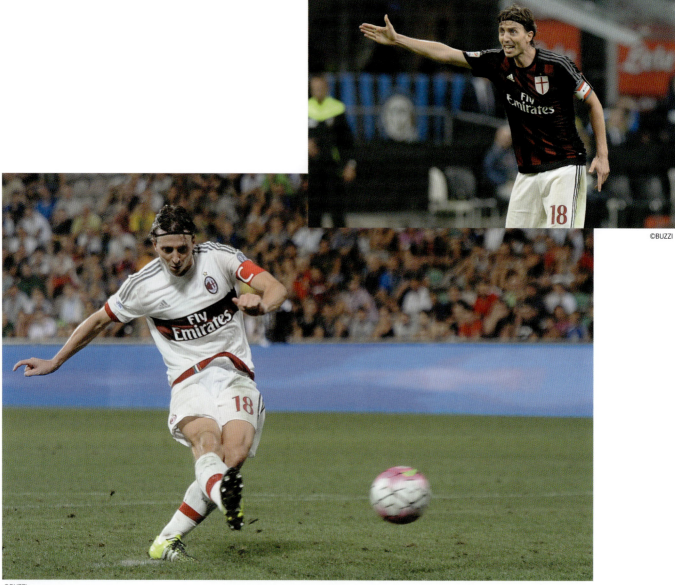

Riccardo Montolivo リッカルド・モントリーボ
MF 1985年1月18日生まれ 181cm／76kg（2012年〜） イタリア

繊細なボールタッチ、創造性の高いプレーをしながらも、運動量豊富でボールも奪える、まさに全てを兼ね備えた現代的なMF。中盤の多くのポジションをカバーでき、「監督なら誰でも自分のチームに欲しいと思う選手」とプランデッリ（当時のフィオレンティーナ監督）に言わしめた。長くフィオレンティーナでリーダーを務めた後、ミランに加入。アンブロジーニが退団したあとはミランのキャプテンマークも受け継いだ。決して熱いタイプではないが、ロッカールームの"静かなるリーダー"だ。

David Beckham デビッド・ベッカム
MF 1975年5月2日生まれ　183cm／74kg
（2009年1月～2009年、2010年1月～2010年）イングランド

かのデビッド・ベッカムも、ロッソネロのユニホームを身にまとってプレーした選手の一人だ。2009年1月、当時プレーしていたMLS（アメリカ）がプレーオフになった時期に、コンディションを保つために期間限定でレンタル移籍。マーケティング目的とも言われたが、予想以上にチームに溶け込み、結局移籍期間を延長。20試合に出場し2ゴールを決めた。完全移籍も噂されたが、これは実現せず。しかし、翌年もミランに戻ってプレーをした。

©BUZZI

©BUZZI

©BUZZI

Mario Balotelli マリオ・バロテッリ
FW 1990年8月12日生まれ　189cm／88kg
(2013年1月〜2014年、2015年〜2016年) イタリア

卓越した身体能力、鮮やかなボールタッチ、ポテンシャルと精度の高いシュート、そしてサッカー選手に必要な全ての才能を持っている。若くからトッププレーヤーの片鱗をみせるが、ピッチ内外での武勇伝に事欠かず、ついたニックネームは"バッドボーイ"。そのメンタリティーが彼のブレイクをいまだ阻んでいる。子供の頃からのミラニスタで、ライバルのインテルに所属していた頃からロッソネロのユニホームを着てTVに出演したりと、物議を醸した。

©T.YAMAZOE

Christian Abbiati クリスティアン・アッビアーティ
GK 1977年7月8日生まれ 191cm／92kg
（1998年～2005年、2008年～2016年）イタリア

バランスのとれたフィジカル、ゴールを飛び出すタイミングの絶妙さ、そのミスの少なさでミランのゴールを長く守ってきた守護神。GKとしては早熟で、21歳にして当時の正GKだったセバスティアーノ・ロッシからその座を奪った。2013年にはミランで331試合出場を達成。GKとしての出場回数が歴代１位となった。若手の台頭で出場の機会は減りながらも、黄金期のミランを知る最後のベテランとして長くロッカールームの精神的支柱であったが、2015-2016シーズンを最後に現役を引退した。

Marco Simone
マルコ・シモーネ

DF 1969年1月7日生まれ 170cm／68kg
（1989年〜1997年、2001年〜2002年）イタリア

ピッチの中を飛び回るかのようなスピードあるプレーと、その少年のような顔立ちから"ピーター・パン"のニックネームで親しまれた。背は決して高くはないがパワーがあり、なにがなんでも得点したいというゴールへの執着心が強かった。1994-1995にはファースト・トップとして17ゴールを決め、その後セカンド・トップとしてジョージ・ウェアとコンビを組むと、彼の才能はさらに開花。ミランのスクデット三連覇に大きく貢献した。

©T.YAMAZOE

©BUZZI

©T.YAMAZOE

©BUZZI

Daniele Massaro ダニエレ・マッサーロ
FW/MF 1961年5月23日生まれ 179cm／74kg
(1986年～1988年9月、1989年～1995年) イタリア

1993～1994。この年、オランダトリオが次々にピッチから去り、ミラニスタはチームの先行きに不安を感じていた。しかしそれを見事に払拭したのが、ファンバステンに代わってトップを任されたマッサーロだった。ユーティリティー性の高い選手で、MF、左ウィングでも結果を出していたが、やはり彼の本領が発揮されたのはCFとしてであった。決勝点となる重要なゴールを度々マークし、その年のスクデット獲得に貢献。また同年のチャンピオンズカップ決勝では、当時ドリームチームといわれるバルセロナ相手に2ゴールをマークしている。キャリアの最後は、清水エスパルスでプレーした。

Jean-Pierre Papin
ジャンピエール・パパン

FW 1963.11.5日 177cm／72kg
（1992年〜1994年）フランス

小柄ながら驚くほどの瞬発力を持ち、正確に敵のゴールに襲い掛かる。その姿から"フランスの高性能爆撃機"とも呼ばれた。オーバーヘッドなどのアクロバティックなシュートも得意で、ファンを魅了し、楽しませた。ミランだけでなく、マルセイユ、バイエルン・ミュンヘン、ボルドーといったヨーロッパの名門クラブでプレー。マルセイユ時代には5シーズン連続で得点王となり、1991年にはバロンドールにも輝いている。

©T.YAMAZOE

Roberto Baggio ロベルト・バッジオ
MF/FW 1967年2月18日生まれ 174cm／72kg（1995年〜1997年）イタリア

ファンタジスタの代名詞ともいえる、イタリアの至宝。エレガントで創造性溢れるそのプレーは、見る者全てを魅了した。ユベントスのビアンコネロのイメージが強いバッジョだが、ロッソネロのユニホームを着ても2シーズンをプレーしている。ただ自身の怪我と、サッキやカペッロなどの監督との確執から"デラックスなベンチ要員"になることも多く、そこにミランの第三黄金期の終焉と混乱が重なり、彼本来の活躍を見せることはできなかった。

George Weah
ジョージ・ウェア

FW 1966年10月1日生まれ 185cm／82kg
（1995年〜2000年1月）リベリア

自陣ペナルティエリアでボールを得ると、たった一人で敵チーム全てをドリブルで抜き、ゴールを決めた対ヴェローナ戦。スルーパスで相手DFをかわし、自らシュートを決めたラツィオ戦。人間離れした驚異的な身体能力とスピードを武器に、数々の伝説的ゴールを生み出した。戦術重視のイタリアサッカーで本能の赴くままにプレー、その奇想天外さは敵ばかりかチームメイトさえもしばしば驚かせた。1995年にはアフリカ人選手として初めてFIFA最優秀選手賞を受賞。ヨーロッパにアフリカ選手の質の高さを認識させた先駆者でもあった。

©T.YAMAZOE

©T.YAMAZOE

Oliver Bierhoff オリバー・ビアホフ
FW 1968年5月1日生まれ 191cm／87kg（1998年～2001年） ドイツ

191cmという恵まれた長身を駆使し、抜群のタイミングとポジショニングでゴール前に飛び込むヘディングの達人。ゴール前の上空は彼の独壇場であった。ウディネーゼ時代にはドイツ人選手として初めてセリエA得点王に輝き、いまだ彼のあとに続く選手は現れていない。アルベルト・ザッケローニの秘蔵っ子で、彼がミラン監督就任とともにウディネーゼから引き抜いた。ミランではウェアとコンビを組み、それまで低迷していたミランをスクデットに導く。優勝を決めた最終節でのゴールは、ミラニスタの心に今も残っている。

©BUZZI

Zlatan Ibrahimović ズラタン・イブラヒモビッチ
FW 1981年10月3日生まれ　192cm／84kg（2010年〜2012年）　スウェーデン

所属するチームを次々に変えても、全て優勝に導く優勝請負人。圧倒的な強さで試合を制することから、彼の名前にちなんだ"ズラタネラ（支配する）"という新しい言葉も生まれた。強靭なフィジカルを持ちながらも、繊細なボールタッチも出来、テコンドー仕込みのアクロバティックなプレーで観客を魅了。ピッチ内外での破天荒ぶりも有名だ。ミランでもすぐに不動のレギュラーとなり、1年目はスクデットを獲得、2年目には得点王にも輝いた。イブラヒモビッチはすでにインテルでも得点王となっており、セリエAでは、異なる2チームで得点王となった外国人選手は、いまだに彼しかいない。

Keisuke Honda 本田圭佑

FW/MF 1986年6月13日生まれ　182cm／76kg（2014年1月〜2017年）日本

リベラ、フリット、サビチェビッチ、ボバン、ルイコスタ…そうそうたる先達からミランの背番号10を受け継いだのが、チーム初の日本人選手、本田圭佑だった。加入当初はジャパンマネー狙いとの声が相変わらず聞かれたが、持ち前の真面目さで皆の信頼を得、本来自分のポジションではない右サイドでプレーしながらも、2014-2015開幕当初には7試合で6ゴールをマークした。ミラン所属の3年半で監督が7人も変わるという不運に見舞われたが、どの監督も彼の仕事に対する真摯な態度を高く評価していた。

©BUZZI

Pietro Paolo Virdis ピエトロパオロ・ビルディス
FW 1957年6月26日生まれ　182cm／73kg（1984年〜1989年）

80年代のミランを代表するストライカーの一人。1986-1987シーズンには17ゴールを決め、それまでセリエBとの間を行ったり来たりだったミランに、黄金期到来の予兆を最初にもたらした。そして翌シーズン、首位を走るマラドーナのナポリとそれを追うミランの直接対決で、勝利を決める2ゴールをマーク。ミランの久々のスクデット獲得に大きく貢献した。プレースキックのスペシャリストでもあり、キャリアを通してたった一度しかPKをミスしなかった。

ミラン雑学 ミランこぼれ話 2

ミランのシンボル

　ユベントスのシンボルはゼブラ、インテルは大蛇でローマは狼。多くのチームはシンボルが動物だが、なぜかミランのシンボルは悪魔——イタリア語でディアボロ。
　ミランが創立されたばかりの頃、ミランの選手が大声をあげながら攻撃していたのを見て、敵の選手が「まるで悪魔のようだ」と恐れたからだと言われている。また中世では縦のストライプは"悪魔の布"と呼ばれていたのだが、イタリアのサッカーチームでこのストライプをユニホームに用いたのはミランが初めてだった。

アウェーユニホームはラッキーアイテム？

　もしミランの選手がアウェー用の白のユニホームを着ていたら、何か大事なタイトルをかけた試合だと思ってもいい。例えばチャンピオンズリーグの決勝とか…。なぜなら白のユニホームはミランにとってラッキーアイテムなのだ。
　1963年にウェンブリーでの対ベンフィカ戦で、ミランが初めてチャンピオンズカップに優勝した時もこの白のユニホームだったし、その後も6回のチャンピオンズカップ優勝のうちなんと5回がこの白のアウェー。89年にはステアウア・ブカレストに4-0で大勝している。大事な試合ではミランは自ら望んでアウェーユニホームを着るのである。

I guerrieri 戦士

Part **III**

選 手 紹 介

Jeremy Menez
ジェレミー・メネズ
FW

Gianluigi Donnarumma
ジャンルイジ・ドンナルンマ
GK

José Altafini
ジョゼ・アルタフィーニ
FW

Luca Antonini
ルカ・アントニーニ
DF

Francesco Antonioli
フランチェスコ・アントニオーリ
GK

Roberto Ayala
ロベルト・アジャラ
DF

Carlos Bacca
カルロス・バッカ
FW

Alberto Bigon
アルベルト・ビゴン
MF

Kevin Prince Boateng
ケビン・プリンス・ボアテング
MF

Giacomo Bonaventura
ジャコモ・ボナベントゥーラ
MF

Daniele Bonera
ダニエレ・ボネーラ
DF

Cristian Brocchi
クリスティアン・ブロッキ
MF

Antonio Cassano
アントニオ・カッサーノ
FW

José Antonio Chamot
ホセ・アントニオ・チャモ
DF

Francesco Coco
フランチェスコ・ココ
DF

Fulvio Collovati
フルビオ・コロバティ
DF

Angelo Colombo
アンジェロ・コロンボ
MF

Hernán Crespo
エルナン・クレスポ
FW

Edgar Davids
エドガー・ダービッツ
MF

Nigel de Jong
ナイジェル・デ・ヨング
MF

Fernando De Napoli
フェルナンド・デ・ナポリ
MF

Mattia De Sciglio
マッティア・デ・シリオ
DF

Christophe Dugarry
クリストフ・デュガリー
FW

Stephan El Shaarawy
ステファン・エル・シャーラウィ
FW

Urby Emanuelson
ウルビー・エマヌエルソン
MF

Stefano Eranio
ステファノ・エラーニオ
MF

Mathieu Flamini
マシュー・フラミニ
MF

Diego Fuser
ディエゴ・フゼール
MF

Maurizio Ganz
マウリツィオ・ガンツ
FW

Alberto Gilardino
アルベルト・ジラルディーノ
FW

Marek Jankulovsk
マレク・ヤンクロフスキ
DF

Joe Jordan
ジョー・ジョーダン
FW

Roque Júnior
ホッキ・ジュニオール
DF

Herbert Kilpin
ハーバート・キルピン
DF

Patrick Kluivert
パトリック・クライファート
FW

Brian Laudrup
ブライアン・ラウドルップ
FW

Martin Laursen
マルティン・ラウルセン
DF

Diego López Rodríguez
ディエゴ・ロペス・ロドリゲス
GK

Cesare Maldini
チェーザレ・マルディーニ
DF

José Mari
ホセ・マリ
FW

Philippe Mexès
フィリップ・メクセス
DF

Sulley Muntari
サリー・ムンタリ
MF

Massimo Oddo
マッシモ・オッド
DF

Alexandre Pato
アレシャンドレ・パト
FW

Giampaolo Pazzini
ジャンパオロ・パッツィーニ
FW

Rivaldo
リバウド
MF

Fernando Redondo
フェルナンド・レドンド
MF

Robinho
ロビーニョ
FW

Ronaldo
ロナウド
FW

Paolo Rossi
パオロ・ロッシ
FW

Sebastiano Rossi
セバスティアーノ・ロッシ
GK

Nevio Scala
ネビオ・スカラ
DF

Karl-Heinz Schnellinger
カールハインツ・シュネリンガー
DF

Aldo Serena
アルド・セレーナ
FW

Dario Šimić
ダリオ・シミッチ
DF

Jaap Stam
ヤープ・スタム
DF

Jon Dahl Tomasson
ヨン・ダール・トマソン
FW

Patrick Vieira
パトリック・ビエラ
MF

Christian Vieri
クリスティアン・ビエリ
FW

Mark Hateley
マーク・ヘイトリー
FW

Taribo West
タリボ・ウェスト
DF

Ray Wilkins
レイ・ウィルキンス
MF

Mario Yepes
マリオ・ジェペス
DF

Gianluca Zambrotta
ジャンルカ・ザンブロッタ
DF

歴代監督

- **1900-1906** Herbert Kilpin
  （ハーバート・キルピン）イングランド
- **1906-1907** Daniele Angeloni
  （ダニエレ・アンジェローニ）イタリア
- **1907-1911** Giovanni Camperio
  （ジョバンニ・カンペリオ）イタリア
- **1911-1912** Ernesto Belloni
  （エルネスト・ベッローニ）イタリア
- **1912-1914** Pietro Pevarelli
  （ピエトロ・ペバレッリ）イタリア
- **1913-1915** Cesare Stabilini
  （チェーザレ・スタビリーニ）イタリア
- **1914-1915** Carlo Colombo
  （カルロ・コロンボ）イタリア
- **1915-1916** Guido Moda
  （グイド・モーダ）イタリア
- **1918-1919** Carlo Colombo
  （カルロ・コロンボ）イタリア
- **1919-1921** Guido Moda
  （グイド・モーダ）イタリア
- **1922-1924** Ferdinand Oppenheim
  （ファーディナンド・オッペンハイム）オーストリア
- **1924-1926** Vittorio Pozzo
  （ヴィットリオ・ポッツォ）イタリア
- **1926-1928** Herbert Burgess
  （ハーバード・バージェス）イングランド
- **1928-1931** Hngelbert König
  （エンゲルベルト・ケーニッヒ）オーストリア
- **1931-1933** Jozsef Banas
  （ヨーゼフ・バナス）ハンガリー
- **1933-1934** Jozsef Violak
  （ヨーゼフ・ビオラック）ハンガリー
- **1934-1935** Adolfo Baloncieri
  （アドルフォ・バロンチエリ）イタリア
- **1936-1937** William Garbutt
  （ウィリアム・ガーバット）イングランド
- **1937-1938** Hermann Felsner
  （ヘルマン・フェルスナー）オーストリア
- **1938-1940** Jozsef Banas
  （ヨーゼフ・バナス）ハンガリー
- **1940-1941** Guido Ara
  （グイド・アラ）イタリア
- **1941** Antonio Busini
  （アントニオ・ブジーニ）イタリア
- **1941-1943** Mario Magnozzi
  （マリオ・マニョッツィ）イタリア

ネレオ・ロッコ

チェーザレ・マルディーニ

アッリーゴ・サッキ

- **1944-1945** Giuseppe Santagostino
  （ジュゼッペ・サンタゴスティーノ）イタリア
- **1945-1946** Adolfo Baloncieri
  （アドルフォ・バロンチエリ）イタリア
- **1946-1949** Giuseppe Bigogno
  （ジュゼッペ・ビゴーニョ）イタリア
- **1949-1952** Lajos Czeizler
  （ラヨシュ・サイズラー）ハンガリー
  1950-1951／スクデット
  1951／コッパ・ラティーナ
- **1952-1953** Mario Sperone
  （マリオ・スペローネ）イタリア
- **1953** Gunnar Gren
  （ガンナー・グレン）スウェーデン
- **1953** Arrigo Morselli
  （アリーゴ・モルセッリ）イタリア
- **1953-1955** Bela Guttmann
  （ベラ・グトゥマン）ハンガリー
  1954-1955／スクデット
- **1955-1956** Hector Puricelli
  （ヘクトール・プリチェッリ）ハンガリー
  1956／コッパ・ラティーナ
- **1956-1958** Giuseppe Viani
  （ジュゼッペ・ビアーニ）イタリア
  1956-1957／スクデット
- **1958-1960** Luigi Bonizzoni
  （ルイジ・ボニッツォーニ）イタリア
  1958-1959／スクデット
- **1960-1961** Paolo Todeschini
  （パオロ・トデスキーニ）イタリア
- **1961-1963** Nereo Rocco
  （ネレオ・ロッコ）イタリア
  1961-1962／スクデット
  1962-1963／チャンピオンズカップ
- **1963-1964** Luis Carniglia
  （ルイス・カルニーリャ）アルゼンチン
- **1964-1966** Nils Liedholm
  （ニルス・リードホルム）スウェーデン
- **1966** Giovanni Cattozzo
  （ジョバンニ・カトッツォ）イタリア
- **1966-1967** Arturo Silvestri
  （アルトゥーロ・シルベストリ）イタリア
  1966-1967／コッパ・イタリア
- **1967-1972** Nereo Rocco
  （ネレオ・ロッコ）イタリア
  1967-1968／スクデット／
  カップ・ウィナーズ・カップ
  1968-1969／チャンピオンズカップ
  1969／インターコンチネンタルカップ
  1971-1972／コッパ・イタリア

1972-1974 • **Cesare Maldini**
(チェーザレ・マルディーニ) イタリア
1972-1973／コッパ・イタリア／カップ・ウィナーズ・カップ

1974 • **Giovanni Trapattoni**
(ジョバンニ・トラパットーニ) イタリア

1974-1975 • **Gustavo Giagnoni**
(グスターボ・ジャニョーニ) イタリア

1975-1976 • **Giovanni Trapattoni**
(ジョバンニ・トラパットーニ) イタリア

1976 • **Paolo Barison**
(パオロ・バリソン) イタリア

1976-1977 • **Giuseppe Marchioro**
(ジュゼッペ・マルキオロ) イタリア

1977-1979 • **Nils Liedholm**
(ニルス・リードホルム) スウェーデン
1978-1979／スクデット

1979-1981 • **Massimo Giacomini**
(マッシモ・ジャコミニ) イタリア

1981 • **Italo Galbiati**
(イタロ・ガルビアーティ) イタリア

1981-1982 • **Luigi Radice**
(ルイジ・ラディーチェ) イタリア

1982 • **Francesco Zagatti**
(フランチェスコ・ザガッティ) イタリア

1982 • **Italo Galbiati**
(イタロ・ガルビアーティ) イタリア

1982-1984 • **Ilario Castagner**
(イラリオ・カスタニェール) イタリア

1984-1987 • **Nils Liedholm**
(ニルス・リードホルム) スウェーデン

1987 • **Fabio Capello**
(ファビオ・カペッロ) イタリア

1987-1991 • **Arrigo Sacchi**
(アッリーゴ・サッキ) イタリア
1987-1988／スクデット
1988-1989／チャンピオンズカップ
1989／ヨーロッパ・スーパーカップ／インターコンチネンタルカップ／
イタリアスーパーカップ
1989-1990／チャンピオンズカップ
1990／ヨーロッパ・スーパーカップ／インターコンチネンタルカップ

1991-1996 • **Fabio Capello**
(ファビオ・カペッロ) イタリア
1991-1992／スクデット
1992-1993／スクデット
1993／イタリア・スーパーカップ／ヨーロッパ・スーパーカップ
1993-1994／スクデット／チャンピオンズカップ
1994／イタリア・スーパーカップ／ヨーロッパ・スーパーカップ
1995／イタリア・スーパーカップ
1995-1996／スクデット

ファビオ・カペッロ

アルベルト・ザッケローニ

カルロ・アンチェロッティ

1996 • **Oscar Tabarez**
(オスカール・タバレス) ウルグアイ

1996 • **Giorgio Morini**
(ジョルジョ・モリーニ) イタリア

1996-1997 • **Arrigo Sacchi**
(アッリーゴ・サッキ) イタリア

1997-1998 • **Fabio Capello**
(ファビオ・カペッロ) イタリア

1998-2001 • **Alberto Zaccheroni**
(アルベルト・ザッケローニ) イタリア
1998-1999／スクデット

2001 • **Cesare Maldini**
(チェーザレ・マルディーニ) イタリア

2001 • **Mauro Tassotti**
(マウロ・タソッティ) イタリア

2001 • **Fatih Terim**
(ファティ・テリム) トルコ

2001-2009 • **Carlo Ancelotti**
(カルロ・アンチェロッティ) イタリア
2002-2003／コッパ・イタリア／
チャンピオンズリーグ
2003／ヨーロッパ・スーパーカップ
2003-2004／スクデット
2004／イタリア・スーパーカップ
2006-2007／チャンピオンズリーグ
2007／ヨーロッパ・スーパーカップ／
クラブワールドカップ

2009-2010 • **Leonardo**
(レオナルド) ブラジル

2010-2014 • **Massimiliano Allegri**
(マッシミリアーノ・アッレーグリ) イタリア
2010-2011／スクデット
2011／イタリア・スーパーカップ

2014 • **Mauro Tassotti**
(マウロ・タソッティ) イタリア

2014 • **Clarence Seedorf**
(クラレンス・セードルフ) オランダ

2014-2015 • **Filippo Inzaghi**
(フィリッポ・インザーギ) イタリア

2015-2016 • **Siniša Mihajlović**
(シニシャ・ミハイロビッチ) セルビア

2016 • **Cristian Brocchi**
(クリスティアン・ブロッキ) イタリア

2016〜 • **Vincenzo Montella**
(ビンチェンツォ・モンテラ) イタリア
2016／イタリア・スーパーカップ

ミラン雑学 3
ミランこぼれ話

友好チーム、敵対チーム

　イタリアのサポーター関係はかなり複雑だ。チーム自体とは別に、サポーター間での独自の仲の良いチーム、悪いチームがある。ミラニスタと姉妹協定を結んでいるのはイタリア国内ならブレシアとレッジーナ。国外ならばセビージャ。セビージャとの友好関係は2007年ヨーロッパ・スーパーカップで、その試合より数日前に亡くなっていたセビージャ選手に対しミラニスタが哀悼の横断幕を出した事から始まっている。また最近ではボローニャやコモサポーターとも仲がいい。

　かわって敵対意識の強いチームだが、やはり一番は同じミラノに本拠地を置くインテル。またユベントスも互いにスクデットの多さを競っているので、強いライバル関係にある。ジェノアサポーターとは本来は仲が良かったのだが、1982年にB降格を争ったことから逆にライバルに転身。1995年にはミラニスタの一人がジェノアサポーターを殺すという事件まで起き、今や完全に敵チームである。またインテリスタと姉妹協定を結んでいるからという理由で、ラツィオとも敵対関係にある。

創設25年の歴史が書かれた
初のミラン本(1929年刊)

1963年
チャンピオンズカップ決勝
対ベンフィカ戦でのボール

1990年
チャンピオンズリーグ決勝
対ベンフィカ戦のチケット

2007年
チャンピオンズリーグ決勝
リバプール戦でのインザーギが
履いたシューズ

ジャンニ・リベラの漫画

会員証

60周年のトッポジージョ

1969年
チャンピオンズカップ決勝
対アヤックス戦勝利のガゼッタの一面

1990-91年
リーグ登録証

アッリーゴ・サッキのメモ

フリットの33回転レコード

連続無失点記録を達成したロッシのGK

1945年
ミラノ・デルビーのプログラム

1963年
チャンピオンズカップ
決勝記念バイクの泥除け

1989年 チャンピオンズカップ優勝
記念酒瓶

1991-92年
リーグ優勝ピンバッジ

リベラ応援歌
『RIVERA CHA-CHA-CHA』の楽譜

第11回トヨタカップの
記念テレホンカード

1950-51年
雑誌ミランFC第1号

1980年缶ビール

2008-09年
パオロ・マルディーニ最後の
キャプテンマーク
フィオレンティーナ対ミラン

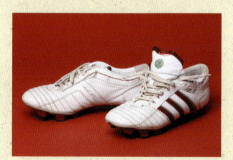
カカーのシューズ

バレージの初ユニホーム

ミラン100周年記念額

1954-55年
リーグ優勝記念ランチの
サイン入りメニュー

1989年
チャンピオンズカップ優勝記念レコード

1990年
チャンピオンズカップ優勝記念
金のピンバッジ

2003年
チャンピオンズリーグ決勝
ユベントス戦のサイン入りボール

2008-09年
パオロ・マルディーニ
最後の試合の入場チケット

ガットゥーゾのフィギュア

1950-51年
シーズンパス

1989年
トヨタカップ記念金貨

2003年
マンチェスターでの
チャンピオンズリーグ決勝
対ユベントス戦のペナント

レオナルド引退試合
記念Tシャツ

カールハインツ・シュネリンガーの
シューズ

ミラン100周年
ゴールドメダル

1949年
ミラン対ユベントスのポストカード

1969年
マドリードでのチャンピオンズカップ決勝
対アヤックス戦のポスター

1989年
ファンバステンのバロンドール

1996-97年
バレージ最後のユニホーム

2003-04年
リーグ優勝記念切手

UEFAからパオロ・マルディーニに
贈られた功労賞盾

UEFA会長・プラティニから
マルディーニへのレター

ミラン選手マトリョーシカ

ミラン雑学 4
ミランこぼれ話

ミラニスタ、インテリスタ

　ご存知の通りミラノにはミランの他にインテルというチームがある。ミラノっ子はこの２つのチームのサポーターに分かれるわけだが、一般的にはミラニスタはブルーカラー、インテリスタはブルジョア階級に支持されていると言われていた。ミラニスタはインテリスタを"バウシャ"（ミラノ弁で高慢ちき）と呼び、インテリスタはミラニスタを"カッシャビトゥ"（ミラノ弁でねじ回しの意）と呼んでいた。

　しかし70年代にミラノが経済的に大きく発展すると階級や職業の差はなくなっていった。ただしTVや映画に出てくるミラニスタは、いつも決まって労働者階級だが…。政治思想的にはインテリスタが右で、ミラニスタが左と言われていたが、これも右派のベルルスコーニが1986年にミランの会長になってからは住み分けが薄れてきている。ちなみイタリアではユベントスに次ぎ、サポーターの数が多い。

CASA MILAN

2014年4月に落成したミランの新オフィスビル。これまでのサッカーチームのオフィスといえば町の中心地の歴史的建造物にかまえられることが多かったが、その概念を覆すようなハイテクビルだ。総面積は9000m²、オフィスだけでなくミュージアムやチケットオフィス、レストラン、チームショップなど、チーム関係者のみならずミランを愛する全ての人が集える場所となっている。

©BUZZI

Museo（モンド・ミラン『ミランの世界』博物館）

●カーサ・ミランの1階の1000m²を占める博物館。Googleとコラボレーションしたハイテクな技術を駆使し、ここを訪れるだけで100年を越えるミランの歴史と栄光がわかるようになっている。

営業時間：10時～19時（休館日は不定）
入場券：大人15€ 14歳以下と65歳以上12€ 7歳以下無料
　　　　ファミリーチケット（大人2人+子供1人）30€

博物館の入口

エントランスではミランの創始者キルピンがお出迎え

過去の選手のデータも映像とともに呼び出せる

ホログラムのバレージと対戦するのも夢ではない

ミランの歴史を立体的に感じられる展示。各シーズンの成績や映像、グッズを見ることができる

カップの間
ミランがこれまで勝ち取った歴代のトロフィーを展示。
中央には巨大なチャンピオンズカップも

過去の試合やインタビューの
映像を見ることもできる

バロンドールの間
かつてこの賞を受賞した選手たちの
バロンドール（レプリカ）とユニホームが飾られている

ベルルスコーニ時代を象徴するヘリコプター模型
彼がミラン会長に就任した年、新シーズンの顔見世で選手たちは
このヘリコプターに乗ってスタジアムに降り立った

Milan store（ミラン・ストア）

●ミラノで最大のオフィシャルショップ。オーセンティックなチームウェアはここでしか買えないものもある。またミラン関係の書籍も揃えられている。選手のサイン会などのイベントも開かれる。

営業時間：10時〜20時　営業時間は変わる可能性があります。年中無休

お気に入りの選手の背番号をつけてもらうこともできる

子ども向けのグッズもたくさん揃っている

Biglietteria
（チケット・オフィス）

●サン・シーロスタジアムで行われるミランのホーム試合の全てのチケットがここで買える。

Cucina Milanello（レストラン『クチーナ・ミラネッロ』）

●これまではチーム関係者しか味わえることができなかったミラネッロのレストランのメニューが、誰でも食べられるようになった。選手たちが実際に練習場で食べているのと同じ食事をここで味わうことができる。またレストランの中にはいくつものスクリーンがあり、試合の時はここでミラニスタと共に観戦することもできる。時には怪我で欠場中の選手がゲストで来ることも！　ただし試合の間のメニューは、ピザとハンバーガーのみ。バールも併設しているので喫茶だけの利用も可能だ。

営業時間：月〜日 10時〜20時　営業時間は変わる可能性があります。

Galleria (ギャラリー)

● ミランをモチーフにした絵画などが展示されている。特別展が開かれることも。

歴代選手のリトグラフ

Piazza (広場)

● カーサ・ミランの前は25,000m²の広大な広場となっていて、サポーターが集えるようになっている。ビルの外壁の一部がスクリーンにもなっているので、ビッグマッチの時はここで観戦もできる。

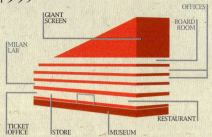

Sala Giochi (キッズルーム)

● 12歳以下のキッズルーム。アウェー戦は子供を遊ばせながら、ここで試合観戦もできる。貸切で誕生日パーティーもOK。平日午後はミラン・ジュニア・クラブが開催されている。

子ども向けのイベントが開かれることも

前の広場ではサポーターが集まったり、時にイベントも開かれる

Uffici（オフィス）

● 4、5階はオフィス、6階はVIPのみ入れるエグゼクティブフロアとなっている。

明るいガラス張りのオフィスが並ぶ。
廊下には歴代の選手たちの写真

エントランス

記者会見室

若手選手育成部門の部屋

リラックス・ルーム

Milan Collection Part II 歴代ユニホーム

● 「赤は炎、黒は敵の恐怖」の由来から、創設から現在に至るまでミランのユニホームは一貫してロッソネロ(赤と黒)。各時代のユニホームからは、自然と当時の名選手たちの姿が浮かんでくる。

1912

■ 歴代スポンサー
　1899-1981: なし
　1981-1982: Pooh jeans (アパレル)
　1982-1983: Hitachi (総合電機メーカー)
　1983-1984: Olio Cuore (食品会社)
　1984夏限定: Rete 4 (TV局)
　1984-1985: Oscar Mondadori (出版社)
　1985-1987: Fotorex U-Bix (事務用品)
　1987-1992: Mediolanum (金融)
　1992-1994: Motta (製菓会社)
　1994-2006: Opel (自動車メーカー)
　2006-2010: bwin (ブックメーカー)
　2010~　　: Emirates (航空会社)

■ 歴代サプライヤー
　1978-1979: Adidas
　1979-1980: Adidas - Linea Milan
　1980-1982: Linea Milan
　1982-1984: NR
　1984-1985: Rolly Go
　1985-1986: Gianni Rivera
　1986-1990: Kappa
　1990-1993: Adidas
　1993-1998: Lotto
　1998~　　: Adidas

1958

1966

1970-77

1982-83

2008-09

2009-10

2010-11

2011-12

2012-13

2013-14

2014-15

2015-16

2016-17

Milanello

●ミラノの中心地からスイス方面に向かって高速を飛ばすこと40分。小さな田舎町カルナーゴに、ミランが世界に誇るハイテクトレーニングセンター・チェントロ・スポルティーヴォ・ミラネッロ（Centro sportivo Milanello）、通称ミラネッロはある。

設立はミランが史上初めてチャンピオンズカップを勝ち取った1963年。当時はどこにでもあるごく普通の練習場だったが、1986年にベルルスコーニが会長に就任すると大規模な改革に乗り出し、今や世界中のチーム関係者が見学に訪れる世界有数のトレーニングセンターとなった。

ミラネッロの優れた点は、最新の設備に加え、その落ち着いた環境である。1600平米の敷地は緑に囲まれ、小さな小川も流れている。まるでどこかの避暑地にでも来たようだ。またチーム関係者しか入れないので、選手たちはここで周囲の雑音に邪魔されることなく練習に集中することができる。ミランの数々の栄光は、ここミラネッロが育んだと言っても過言ではない。

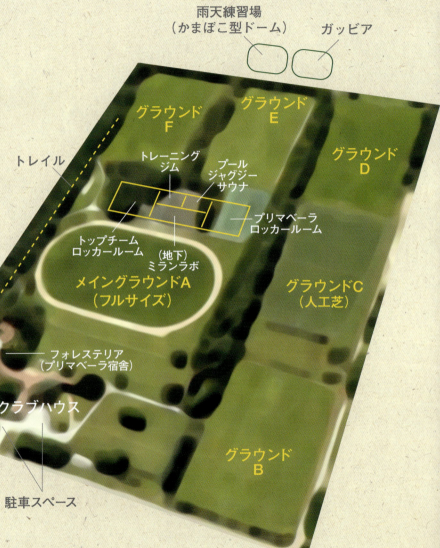

グラウンド

メイングランド
フルサイズのピッチは天然芝と人工芝のハイブリッド。
グランドの地下には暖房設備があり
冬でも地面が凍らないようになっている

人工芝グラウンド
FIFA公認の最新の人工芝を使用

ガッビア
周囲を2.3mの壁で囲まれているので
ノンストップのプレーができる。
スピードと持久力のアップが目的。
サッキの強い要望で作られた

天然芝グラウンド
常に最高のコンディションのピッチであるよう、
半年使ったら半年休養と交代で使用
1面は完全クローズドの練習が出来るようになっており、
1面は公開用になっている

全天候グラウンド
かまぼこ型のドームで覆われている。
雨の日や冬に有効

トレイル
敷地内の林の中に作られたアップダウンの
激しい1.2kmのトレイル。
選手たちはここをランニングしたり
自転車で走ったりして体力づくりに使う

ロッカールーム棟

● 練習場の真ん中にロッカールームが位置しているのでどこのピッチからもアクセスしやすい。ロッカールームの他に、ジム、マッサージルーム、プールなどがある。地下にはミランが誇るハイテクメディカルセンター、ミラン・ラボがある。

（ミラン・ラボ）
医療、心療、アスレチックの3つの部門からなる。アメリカやカナダなどの大学とも提携し、最先端のスポーツ科学を駆使して選手の心身の状態を管理する。ミランの心臓部とも言える機関のため、残念ながら写真はNG。

屋内プール
水中は負荷がかからないため、主にリハビリなどに使われる。ジャグジーやサウナなども併設されているが、こちらは主にリラックスのためだ

トレーニングジム
インドアのジムが2つある。最新鋭のマシンが揃い、選手一人一人の正確なデータを管理できるようになっている

ロッカールーム
練習に必要なものが整然と並べられている。トップチーム用の他にコーチ用、プリマベーラ用のロッカールームもある

クラブハウス棟

地上2階、地下1階の建物。左に1階には事務室、プレスルーム、応接室、レストラン、バール、ビリヤードルーム、ランドリールームがある。2階には個室と集会室、地下には設備の整った医務室がある。また建物右翼にはフォレステリアと呼ばれる寮があり、イタリアの地方や国外から来ているプリマベーラの選手が生活している。彼らは午前は地元の学校に通い午後に練習をしている

応接室
練習場を見渡せる居心地のいい応接室。選手はここでインタビューを受けたり、訪ねてきた友人などと語らう

レストラン
ミラネッロのレストランは美味しいことで有名。選手にも提供するので栄養面もしっかり考えられている。食堂は選手用に一つ、プリマベーラとゲスト用に一つ。またプレジデントルームと呼ばれる個室もある

ビリヤードルーム
最近はPCゲームに押され気味だが、サッカー選手のリラックスタイムの定番といえばやはりビリヤード。ここでともに遊んでチームワークを育むことも

選手用バス
ホーム試合前はミラネッロで一泊し、このバスでサン・シーロに向かう

記者会見室
1階に簡単なプレスルーム（下）、地下に大き目の会見室があり、監督や選手の会見はここで行われる

バール
コーヒーはイタリア人にとって欠かせない存在。ここミラネッロでも練習前に一杯、練習後に一杯。ミラネッロに仕事できた人たちも自由にここで飲むことができる

山添敏央 *Toshio Yamazoe*
1954年愛知県生まれ。1985年サッカーマガジンを経てフリーランスに。世界のスターが集まったセリエAに魅了され、マラドーナやバッジオをはじめ、ビアリ、ジダン、フリットそしてデルピエロなどのカレンダーや雑誌広告なども手掛ける。日本サッカーリーグ（JSL）のイヤーブック制作に携わり、Jリーグが始まってからは、浦和レッズを中心に撮影。写真集「SHINJI ONO」（ブックマン）、「Legend of REDS」（ダイアプレス）など。
（ワールドカップ）1982年スペイン大会～2010年南アフリカ大会
（ヨーロッパ選手権）1984年フランス大会～2004年ポルトガル大会

利根川晶子 *Akiko Tonegawa*
1966年埼玉県生まれ。82年W杯のタルデッリ（イタリア）に魅せられてサッカーの世界へ。89年よりローマに在住し、より身近にサッカーに触れセリエAに傾倒。その後スポーツメーカーを経てフリーランスに。選手、関係者の知己を得、現在に至るまでサッカー記事の執筆、サッカー番組の翻訳・通訳等を手がける。著作に「カカから日本のサッカー少年へ73のメッセージ」（成美堂出版）、訳書に「ザッケローニ 新たなる挑戦」（宝島社）、「ゴールこそ、すべて～スキラッチ自伝～」（洋泉社）などがある。

ストゥディオ・ブッツィ *Studio Buzzi*
1966年、アントニオ・ブッツィがミラノで創立したフォトエージェンシー。現在は息子であるジャンニ、マルコのブッツィ兄弟が受け継いでいる。1988年からはミランのオフィシャルカメラマンを務め、ベルルスコーニ下の黄金期ミランで世界的名選手の活躍をファインダーに収めてきた。通常はクローズドなミラネッロでの撮影を許されていたのも彼らだけであり、そのアーカイブには多くの貴重な写真が存在する。

Milan A.C.
ミランのすべて ～フォト＆ストーリー～

2017年12月13日　1刷

著　者　　山添敏央
　　　　　利根川晶子
　　　　　STUDIO BUZZI
編　集　　加藤敦（南雲堂）
　　　　　井上華織／池田博人（インサイド）
装　幀　　銀月堂
発行所　　株式会社 南雲堂
　　　　　東京都新宿区山吹町361
　　　　　03-3218-2311（営業部）
　　　　　03-3268-2387（編集部）　　URL　http://www.nanun-do.co.jp

ISBN978-4-523-26566-5 C0075
©Toshio Yamazoe, Akiko Tonegawa, Studio Buzzi　2017 Printed in Japan